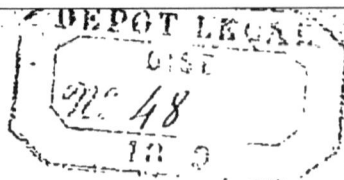

INVASION 1870-1871

LES

PRUSSIENS

A BEAUVAIS

ET

DANS SES ENVIRONS

PAR

A. BELLOU

OCCUPATION DE BEAUVAIS. — ADMINISTRATION MUNICIPALE DE LA VILLE.
EXPÉDITION DES ALLEMANDS CONTRE GOURNAY.
INCENDIES D'HÉRICOURT, D'ARMENTIÈRES ET DE LA FRÉNOYE.
ARRESTATION DE M. LE DOCTEUR DUPUIS.
COMBAT DE BRETEUIL. — COMBAT DE FORMERIE.
ADMINISTRATION PRÉFECTORALE DU BARON DE SCHWARTZKOPPEN.

Prix : 75 centimes

BEAUVAIS

CHEZ BALTAZARD-ROUSSEL, LIBRAIRE-ÉDITEUR

rue Neuve-Saint-Sauveur

1879

INVASION 1870-1871

–∿–

LES PRUSSIENS A BEAUVAIS

ET

DANS SES ENVIRONS

———

OCCUPATION DE BEAUVAIS

C'était le jeudi 29 septembre 1870, au matin, des éclaireurs français accourus à toute bride, annoncèrent la présence d'un corps d'armée ennemie dans les environs de Mouy; en effet, partie de Senlis, une colonne de troupes allemandes, forte de trois mille hommes environ, avait occupé Mouy et campé sur la colline extérieure de la ville. Les flammes du bivouac s'apercevaient à une distance relativement considérable. Quelques éclaireurs furent envoyés dans la commune de Hermes pour l'explorer. Le 30, dans la matinée, un détachement composé de lanciers saxons, d'infanterie prussienne et de grosse cavalerie entra dans Hermes où cent trente dragons restèrent et couchèrent. L'officier qui les commandait, après avoir pourvu au logement et aux besoins de ses cavaliers, déclara aux habitants que si leur conduite était inoffensive, celle de ses soldats le serait aussi. Le reste du petit corps se porta sur Therdonne et là se divisa : une partie s'achemina vers Tillé et l'autre sur Beauvais. Le gros de la troupe, en quittant Mouy, avait le même objectif que les autres colonnes, c'est-à-dire le chef-lieu du département; seulement, il prit la route de Noailles et de Warluis.

Ces troupes pénétrèrent dans notre ville par trois voies différentes et presque simultanément; ce qui prouve que l'armée ennemie opérait ses mouvements combinés avec une extrême précision. Leur entrée fut précédée, vers dix heures trois quarts, de l'apparition de cinq uhlans qui traversèrent les boulevards et remontèrent au galop la rue des Trois-Cailles, pistolet armé au poing. Ils s'arrêtèrent devant une épicerie, où ils demandèrent s'il n'y avait point les dans pays circonvoisins des francs-tireurs ou des mobiles. Les cinq éclaireurs filèrent à toute bride sur la route de Tillé, puis redescendirent la côte et débouchèrent sur la place de l'Hôtel-de-Ville en même temps que dix autres venus par la route de Paris.

La population, rangée sur les trottoirs, attendait avec anxiété l'arrivée du commandant, afin de pouvoir traiter avec la commission municipale qui, désireuse de sauvegarder la dignité de la Ville, avait refusé de subir les conditions que voulait lui imposer le lieutenant des premiers éclaireurs (1).

Le drapeau national arboré à l'Hôtel-de-Ville était retiré, lorsque plusieurs compagnies d'infanterie de la garde royale de Prusse firent irruption sur la place et s'y rangèrent. Après une manœuvre, les soldats ayant rompu leurs rangs, les uns restèrent debout et les autres s'assirent par terre. Quelques instants après, un nouveau groupe de lanciers arrivait musique en tête. Leurs clairons, loin de nous transporter d'allégresse, augmentaient naturellement le deuil de notre âme. L'arrière-garde, représentée par des lanciers, des dragons et quelques artilleurs, traînait à sa suite deux canons rayés, se chargeant par la culasse, et plusieurs caissons de munitions; puis deux cents voitures, destinées aux réquisitions, traversèrent notre ville et allèrent se ranger sur la place du Franc-Marché.

(1) Voyez les journaux de Beauvais, septembre 1870.

Comme jadis César, le chef saxon s'empara, sans coup férir, de l'antique cité des Bellovaques et arriva en vainqueur sur la place où s'élève la statue de Jeanne-Hachette. Hélas ! que de changements depuis l'époque où cette héroïne, enflammant par son exemple le courage de ses concitoyens, avait repoussé les assauts des Bourguignons. Quel contraste entre le patriotisme d'un autre âge et celui de nos jours ! Non-seulement Beauvais n'avait plus ses remparts qui faisaient toute sa force, mais la ville était en quelque sorte abandonnée : ni autorité civile, ni autorité militaire. Le préfet Jeannerod était parti dès la veille, et la troupe, obéissant à des ordres supérieurs, avait dû s'éloigner pour organiser plus loin une énergique résistance à l'envahisseur.

ADMINISTRATION MUNICIPALE DE LA VILLE

Dans une telle situation et devant ce déploiement irrésistible de troupes de toutes armes appuyées d'artillerie, le comité provisoire, dans le but d'épargner à la ville l'humiliation et le malheur des visites domiciliaires, se résigna à traiter avec les deux majors et fit afficher l'avis suivant :

VILLE DE BEAUVAIS.

Habitants de Beauvais,

Un corps d'armée Prussien est à nos portes. Sans remparts, sans troupe, la défense est impossible. Nous invitons la population à s'abstenir de toute attaque; une attitude calme et digne est la seule garantie de la sécurité générale.

La Commission municipale.

Cette commission, nommée par le Gouvernement de la Défense nationale, avait été installée le 21 septembre 1870 et était ainsi composée :

MM. Cavrel-Bourgeois ...... *président.*

Delaherche (Alexandre). }
Laffineur-Roussel...... } *vice-présidents.*

Capronnier fils.........
Dévé...............
Devenne............
Durand-Porquier ......
Garbet.............. } *membres.*
Gérard ....
Gromard ....
Martin-Troisvallets.....
Mazand.............

Cinq jours après, le 26 septembre, M. le Préfet de l'Oise, Georges Jeannerod, par arrêté en date dudit jour, nomma treize membres nouveaux, portant ainsi à vingt-cinq le nombre des conseillers municipaux :

MM. Bouré.

Doniol.

Dupont.

Duquesne-Gromas.

Fleury.

Levasseur.

Lévêque.

Maillard.

Mareschal.

Ricard.

Roussel.

Warmé-Delahaye.

Zentz.

Le 4 octobre suivant, vu la gravité des événements, douze conseillers de l'ancienne assemblée municipale sont réunis aux vingt-cinq membres précédents ; ce furent :

MM. Blanchet.

Bourgeois.

Caron (Charles).

MM. Danjou.

Devimeux.

Leroux.

Maigret-Masson.

Paille.

Petithomme.

Pulleux-Gérard.

De Salis.

Vacquerie.

Dans cette séance, M. Cavrel-Bourgeois donne sa démission de président, et M. Benoist est nommé à l'unanimité.

Quatre vice-présidents lui sont adjoints :

MM. Delaherche (Alexandre).

Levasseur.

Blanchet.

Fleury.

Ces honorables citoyens n'hésitèrent pas, en présence des difficultés du moment et des dangers de l'occupation étrangère, à accepter un poste plein de périls, où, pendant plusieurs mois, il fallut lutter journellement avec un ennemi presque toujours intraitable, et n'ayant que de terribles menaces pour faire céder à ses exigences. La ville de Beauvais ne saurait donc avoir trop de reconnaissance envers ces fonctionnaires qui, au risque de leur liberté et peut-être même de leur vie, ont eu le courage et le patriotisme de rester sur la brèche jusqu'aux élections des 30 avril et 7 mai 1871.

Nous ne voulons pas, dans cette relation très-restreinte, raconter les tracasseries de tout genre que l'administration municipale eut à subir des autorités prussiennes, mais nous pouvons affirmer que, grâce au dévouement et à la fermeté de ses représentants, les habitants de notre ville ont pu échapper à bien des ennuis et à des vexations de la part de leur audacieux vainqueur.

L'attitude paisible des Beauvaisins déconcerta le colonel de Standtfers, commandant du détachement, qui ne put guère prendre les allures d'un conquérant, aussi s'annonça-t-il comme un honnête pourvoyeur qui venait faire des provisions, promettant de payer tout ce qu'il prendrait. En agissant ainsi, les Saxons espéraient faire de Beauvais un centre de ravitaillement sans s'exposer à soulever les populations, ce qui aurait pu avoir pour eux de graves inconvénients, car ils se trouvaient isolés, hors de portée de tout secours, au milieu d'une ville de quinze mille habitants et entourés de troupes françaises qui ne cherchaient qu'à entraver leurs opérations militaires.

Pour prévenir ce danger, le colonel ennemi fit annoncer aussitôt à son de caisse la reddition des armes de la garde nationale, en même que la proclamation suivante était placardée sur les murs de notre cité :

AU NOM DE SA MAJESTÉ LE ROI DE PRUSSE.

1o L'autorité du gouvernement français est suspendue ; néanmoins, les employés continueront à exercer leurs fonctions sous la direction du soussigné.

2o Les troupes sous mon commandement ne viennent pas comme ennemies des habitants paisibles ; elles ont l'intention de conserver les meilleures relations avec la population du département de l'Oise.

3o Dans ce but, les habitants devront prendre les mesures les plus propres à empêcher autant que possible les attaques qui pourraient avoir lieu contre les troupes allemandes. Toute attaque faite par surprise aurait pour conséquence l'incendie du lieu.

4o Aussitôt la publication du présent ordre, toutes les armes et munitions, de quelque nature qu'elles soient, devront être déposées à la mairie. En cas de contravention au présent ordre, les maisons dans lesquelles des armes auraient été trouvées, seront incendiées et les propriétaires en demeureront responsables.

5o Les communes sont responsables de tout acte d'hostilité commis sur leur territoire.

6o Les propriétaires des maisons chez lesquels seront logés des hommes ou des chevaux seront tenus de leur fournir une nourriture suffisante et bonne. Dans le cas où les propriétaires qui auraient à recevoir des hommes ou des chevaux seraient dans l'impossibilité de subvenir à leur subsistance, la commune est tenue d'y pourvoir.

7° Toutes les communications devront rester libres ; celles qui auront été interrompues seront rétablies par la commune. Tout fait contraire à cette prescription serait considéré comme acte d'hostilité.

8° Chacun peut circuler nuit et jour et vaquer à ses affaires en toute liberté, sans qu'il soit besoin d'aucune autorisation. Tout rassemblement en présence des troupes allemandes est interdit.

9° Toute réclamation devra être adressée à l'officier commandant du lieu.

10° La plus grande prudence est recommandée aux habitants dans leurs propres intérêts, pour ne pas s'exposer aux sévères répressions mentionnées ci-dessus.

Signé : Von Standtfers,
Colonel et commandant en chef.

En suspendant les autorités françaises, en menaçant d'incendie, en rendant les communes responsables, le colonel de Standtfers cherchait à terrifier les pays conquis pour les maintenir dans l'obéissance. Malheureusement, les Allemands allaient appliquer toutes ces menaces avec la dernière rigueur, et nous ne verrons que trop souvent les populations de l'Oise punies par le meurtre, le pillage et l'incendie, pour des faits de guerre qu'elles ne pouvaient ni moralement ni matériellement empêcher.

La commission municipale, désireuse d'éviter aux habitants les frais et les désagréments des logements militaires, avait proposé l'installation des soldats prussiens dans les casernes et les établissements d'instruction (collége, pensionnat des Frères), ce qui eut lieu. Mais, en présence du nombre de soldats allemands, les officiers ont eux-mêmes désigné les maisons particulières où leurs hommes devaient être reçus, ce qui amena une répartition évidemment inégale que la commission avait voulu éviter dans l'intérêt général. Plus tard, cependant, des billets de logement furent distribués chez tous les habitants.

A peine cette installation était-elle terminée, que les Beauvaisins furent mis en émoi par l'arrestation arbitraire de deux personnes de la ville, l'une, l'éminent chef de notre parquet, M. Cotelle, aujourd'hui président du tribunal civil; l'autre, M. Noulens, rédacteur de l'*Indépendant de l'Oise*; mais après de plus amples informations, elles furent mises en liberté.

Les Prussiens paraissaient s'être établis à Beauvais pour rayonner de là sur les environs et s'y approvisionner de leur mieux ; l'avis suivant qu'ils firent publier le prouve assez :

AUX HABITANTS DU DÉPARTEMENT DE L'OISE.

Les autorités militaires de l'armée de la Meuse informent les fournisseurs de toutes denrées et les cultivateurs principalement, qu'elles entendent compléter les approvisionnements de tous genres nécessaires aux besoins de l'armée de la Meuse, non plus au moyen de réquisitions, mais bien par des acquisitions, à prix d'argent et en monnaie française ou prussienne et ce comptant, c'est-à-dire en recevant les livraisons. Le thaler a le prix fixé de 3 fr. 75.

A cet effet, les fournisseurs et cultivateurs sont invités à se présenter à l'Intendance de Beauvais, où sont installés les magasins généraux, avec les denrées ci-après indiquées qui leur seront payées aux prix suivants :

1º Le froment, de 26 à 30 fr. les 100 kilog.

2º La farine de froment de 40 à 43 fr. les 100 kilog.

3º La farine de seigle à 40 fr. les 100 kilog.

4º L'avoine, de 20 à 22 fr. les 100 kilog.

5º Le café vert de 2 fr. 50 à 3 fr. le kilog.

6º Le sel, au prix courant.

7º Le riz, à 1 fr. 50 le kilog.

8º Les légumes secs et pâtes, à 1 fr. 50 le kilog.

Les bureaux sont établis dans la mairie.

En prenant cette mesure, les autorités militaires prussiennes prouvent qu'elles désirent diminuer les charges de la guerre et venir en aide au libre commerce des habitants; c'est donc un appel qu'elles font à ces derniers, qui peuvent en toute sécurité se présenter à l'Intendance de Beauvais pour traiter leurs denrées en quelque qualité que ce soit et aux prix ci-dessus déterminés.

De plus, des officiers doivent se présenter accompagnés de voitures dans chaque commune, à l'effet de passer tous les traités qui leur seront offerts aux conditions qui précèdent.

En outre, chaque samedi comme à l'ordinaire et chaque mercredi, dès six heures du matin, l'Intendance établira sur la place de l'Hôtel-de-Ville de Beauvais, un marché libre où les cultivateurs sont priés d'apporter leurs denrées.

Les prix seront établis de gré à gré.

L'Intendance en achètera en outre tous les jours dans les bureaux.

Chaque sac d'avoine doit peser 71 kilog. sac inclus.

Chaque sac de farine, 100 kilog. sac inclus.

Intendance de l'armée de la Meuse.

Huit jours s'étaient à peine écoulés que déjà les communes circonvoisines avaient été visitées et réquisitionnées par l'ennemi ; mais là ne devaient pas s'arrêter ses excursions, le détachement de Beauvais allait tenter d'occuper le reste du département de l'Oise, de couper les seules communications qui reliaient encore nos armées entre elles, et d'aider le comte de Lippe et le Prince Albert à avancer de plus en plus vers le Nord et vers l'Ouest.

ESCARMOUCHE DE GOURNAY.

Le 2 octobre, le colonel de Standtfers envoya dans la direction de Gournay, une première reconnaissance, forte de deux escadrons de cavalerie, dragons et uhlans.

Gournay était un centre de ravitaillement dont l'ennemi désirait s'assurer la possession ; aussi le 21 septembre, le général français Gudin avait-il fait occuper cette ville par le 8e bataillon de la mobile du Pas-de-Calais, qui fut renforcé le 1er octobre par le 4e bataillon de l'Oise et par deux escadrons du 3e hussards, sous les ordres du colonel d'Espeuilles. Dans la matinée du 2 octobre, un peloton de nos hussards rencontra à la hauteur de Senantes (canton de Songeons), la reconnaissance saxonne en marche sur Gournay, et, devant un ennemi supérieur en nombre, il dut se replier sur cette ville, suivi de près par les Saxons. Enhardie par la retraite des nôtres, une patrouille du 18e uhlans s'avance jusqu'à la gare ; mais elle est reçue à coups de fusil par une section de la 5me compagnie du Pas-de-Calais, qui se trouve là de grand'garde. Tandis que le reste de la compagnie de mobiles cherche à les tourner au pas de course, le colonel d'Espeuilles, à la tête d'un escadron, donne la chasse aux uhlans qui, après avoir essuyé plusieurs décharges, s'enfuient, emmenant un de leurs sous-officiers blessé et laissant entre nos mains deux chevaux et un prisonnier.

INCENDIES D'HÉRICOURT D'ARMENTIÈRES ET DE LA FRÉNOYE.

A la suite de cette escarmouche, les Saxons devinrent plus circonspects ; cependant le 5 octobre, un peloton du 3e hussards, en reconnaissance à la Chapelle-aux-Pots, les surprit au hameau d'Armentières, faisant tranquillement leur provision de tabac et de cigares. Troublés dans leurs achats, ils détalèrent précipitamment, poursuivis pendant plusieurs kilomètres par les décharges des nôtres. Dans cette nouvelle rencontre, deux dragons furent mortellement atteints ; quant à nos hussards, n'ayant éprouvé aucune perte, ils rentrèrent à Gournay, ramenant encore un uhlan fait prisonnier.

En traversant, dans leur fuite, le hameau d'Héri-

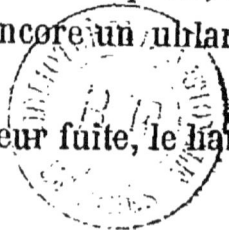

court, les dragons du 2ᵉ régiment saxon s'écriaient qu'ils seraient vengés. Ils le furent en effet dès le lendemain. Sur les ordres du colonel de Standtfers, un détachement d'exécution, commandé par le major de Goerne, appuyé de deux pièces d'artillerie, se mit en route pour la Chapelle-aux-Pots ; tandis que la cavalerie cernait le village, le gros de la troupe se dirigeait sur Héricourt. Déjà l'avant-garde prussienne avait massacré sur sa route, au Pont-qui-Penche, un malheureux paysan dont les réponses d'une incohérence qu'expliquait la situation, lui avaient paru suspectes ; en arrivant au passage à niveau du chemin de fer, dit le Pont-aux-Claies, les fantassins envahirent la demeure du garde-barrière ; l'ayant trouvé caché dans sa cave avec plusieurs ouvriers employés aux réparations de la voie, ils le firent sortir ; puis, sur le simple soupçon qu'il était de connivence avec des francs-tireurs, il le forcèrent à s'adosser à un poteau télégraphique et le fusillèrent sous les yeux de sa femme éplorée, en face de sa maisonnette en flammes. Quant aux terrasssiers, ils échappèrent à la mort et non à l'ignominie ; mis à nu et attachés aux arbres de la route, ils ne furent relâchés qu'après avoir été fustigés d'une façon toute germanique. Poursuivant sa marche sur Héricourt, le major de Goerne arrive

vers midi à l'entrée du village ; il met ses pièces en
batterie et commence le bombardement pour ainsi
dire à bout portant : vingt minutes après, les
hameaux d'Héricourt, d'Armentières et de la Frénoye sont en feu. Vers deux heures, ces héros re-
prennent la route de Beauvais, laissant derrière
eux une soixantaine d'habitations en flammes, et
satisfaits d'avoir tiré vengeance d'un fait de guerre
qui était pourtant des plus réguliers. (1)

Les habitants de Beauvais furent frappés de terreur en apprenant ces horribles réprésailles de leur
vainqueur, aussi deux jours après, le 7 octobre,
virent-ils avec plaisir le départ pour Clermont
du colonel de Standtfers ; il était remplacé par le
général Senfft, qui venait concourir au mouvement
que le Prince Albert et le comte de Lippe allaient
effectuer de concert contre Gisors et Gournay.

Le 9, dans la matinée, le Prince Albert marchait
sur Gisors. Il était appuyé par le général Senfft, parti
de Beauvais avec deux compagnies, trois escadrons
et deux sections d'artillerie.

(1) Voyez L. Rollin, *la Guerre dans l'Ouest.*

EXPÉDITION CONTRE GOURNAY.

Après la prise de cette ville, le Prince se dirigea, avec le détachement du général saxon, vers Sérifontaine, où il passa la nuit. Le lendemain matin, de nouveaux renforts partirent de Beauvais et l'on se mit en marche sur Gournay. En passant à Saint-Germer, ils fusillèrent impitoyablement, après un simulacre de jugement, cinq gardes nationaux de Bazincourt, faits prisonniers la veille à Eragny.

Le colonel d'Espeuilles, qui occupait Gournay, ne jugea pas prudent de s'engager sans artillerie contre des forces supérieures, aussi agit-il sagement en se retirant sur Argueil. Les Prussiens entrèrent dans la ville sans coup férir, désarmèrent la garde nationale, levèrent de fortes réquisitions de vivres et célébrèrent leur facile victoire par de copieuses libations. Le soir même, vers quatre heures, les Saxons reprenaient le chemin de Beauvais.

Le matin, un grand nombre d'habitants avait assisté au départ des troupes et semé partout l'alarme sur les projets de l'ennemi. On pensait que nos soldats voudraient comme huit jours auparavant opposer quelque résistance. Une rencontre dans la vallée de

Bray permettait donc aux mobiles de l'Oise, qui allaient, eux aussi, recevoir le baptême du feu, de montrer leur valeur.

ARRESTATION DE M. LE DOCTEUR DUPUIS

En présence du danger que dans cette alternative nos jeunes et courageux compatriotes allaient courir, et désireux de porter les secours de son ministère sur le lieu présumé du combat, M. l'abbé Potier, curé de Saint-Etienne de Beauvais, accompagné de M. le docteur Dupuis, se fit conduire à Saint-Germer. Nous laissons à M. le docteur Dupuis le soin de raconter un voyage dont les émouvantes péripéties feront connaître sous leur vrai jour le caractère prussien.

« Arrivés à Saint-Germer, nous trouvâmes la consternation peinte sur tous les visages des habitants épouvantés ; en effet, on nous fit voir, exposés dans le bâtiment des pompes à incendie, les cinq cadavres à peine refroidis des gardes nationaux fusillés dans la matinée. On leur avait fait l'honneur de les traiter en francs-tireurs, car c'est ainsi que les Prussiens en usaient avec tout Français porteur d'une arme qui, revêtu ou non d'insignes militaires, tombait entre leurs mains. Nos ennemis affectaient de proclamer bien haut que pour défendre son pays, il fallait être enrégimenté dans tout autre corps que celui des francs-tireurs. Nous allions bientôt en faire l'expérience à nos dépens.

En quittant les dépouilles mortelles de ces malheureuses victimes du patriotisme, nous apprîmes l'évacuation de Gournay.

Le but de notre voyage se trouvait désormais sans objet et nous reprîmes tristement le chemin de Beauvais. A peine eûmes-nous rejoint la route de Gournay, que nous remarquâmes de nombreuses empreintes de pieds de chevaux dans notre direction. Nous suivions à une faible distance la colonne ennemie qui s'en retournait triomphalement. Un certain nombre de bouteilles fraîchement vidées et éparses de tous côtés, au milieu de papiers gras ayant servi d'enveloppe à des provisions de bouche, témoignait de l'humeur joyeuse du vainqueur, qui venait bravement d'enfoncer une porte ouverte. A mesure que nous avancions, nous entendions les clameurs des soldats en liesse et bientôt nous étions près des chariots qui fermaient leur marche. Ils tenaient le milieu de la chaussée, qu'ils obstruaient d'autant plus complètement que les tas de cailloux rangés sur les bas côtés rétrécissaient encore la voie. Nous ne pouvions trotter que dans l'intervalle de ces obstacles, et à chaque instant nous éprouvions de nouvelles difficultés pour avancer : les conducteurs de cette longue file de voitures que nous cotoyions ne se souciant nullement, on le comprend, de nous faciliter le passage. Nous pressions néanmoins notre allure, espérant parvenir à dépasser bêtes et gens pour arriver avant eux à Beauvais.

Mais nous avions compté sans nos hôtes. Un officier vint nous dire que nous gênions la marche des troupes et nous enjoignit de nous encadrer dans leurs rangs. Nous obéîmes, assez vexés et peu rassurés par les cris et les huées dont nous étions l'objet depuis quelques instants.

A peine étions-nous à la place qu'on nous avait assignée, que plusieurs coups de feu retentirent sur notre droite ; puis, tout à coup, un officier à cheval, paraissant jeune encore, revêtu d'un uniforme sans aucun insigne visible de grade, coiffé d'une casquette noire, liserée de rouge, ornée seulement d'une petite cocarde, nous interpella brusquement avec les marques de la plus violente colère. L'animation de son visage, les veines gonflées de son cou, ses yeux ardents, sa parole fiévreuse, ne présageaient rien de bon.

Sans nous aborder par le plus léger salut, ni la moindre marque de civilité, il nous jeta à la tête les plus amères récriminations contre les francs-tireurs :

« Voilà bien les Français, nous cria-t-il, voilà
« leur manière de faire la guerre! Ils se cachent
« derrière les haies et tirent sur nous sans se battre.
« Ce n'est pas ainsi que nous avons agi en 1812,
« vis-à-vis de vous. Quand on veut faire la guerre,
« on prend un uniforme dans un régiment et l'on
« se bat soldats contre soldats. J'estimais la France
« avant de venir, mais depuis que j'ai vu la con-
« duite des Français, je les méprise. »

Il oubliait que la Prusse, envahie par nous,
soixante ans auparavant, avait déclaré que tout
Prussien, sans exception, était soldat et que pour
repousser l'envahisseur, tout moyen de défense
était bon.

Interpellé aussi brutalement et sans motifs, je ri-
postai :

« Chacun fait la guerre à sa façon, et a le droit
« et même le devoir de défendre comme il peut,
« son champ et son foyer. »

Cette théorie, un peu osée chez le vaincu, puis-
qu'elle légitimait dans une certaine mesure la conduite des francs-tireurs, donna évidemment à croire
à l'officier que nous étions pour quelque chose dans
les coups de feu qu'on venait de tirer un quart-
d'heure auparavant, en tête de la colonne, et qu'il
venait de mettre la main sur quelque complice ou
allié des francs-tireurs. Ma réponse, d'ailleurs, faite

froidement, et mon ton, aussi dépourvu de cour-
toisie que le sien, l'exaspérèrent :

« Ce sont là les opinions que vous professez,
« s'écria-t-il : d'après toutes les lois de la guerre,
« j'ai le droit de vous faire fusiller. Descendez ! »

M. Potier, plus près que moi de la portière, se
disposait à obéir, quand l'officier, se ravisant, le
rejeta d'un coup de poing dans la voiture où il vint
en trébuchant tomber sur moi.

S'adressant alors à M. l'abbé :

« Je sais que, vous aussi, vous prêchez la guerre
« contre la Prusse. Cependant j'avais promis à
« Monseigneur l'Evêque (1) d'être désormais plus
« clément (2), et voici que maintenant vous excitez
« les Français contre nous ! »

« Nous n'excitons personne contre vous, ré-
« pliqua M. Potier, et nous ne sommes nulle-
« ment responsables des coups de feu qu'on vient
« d'entendre. Nous sommes venus avec des inten-
« tions pacifiques, dans la pensée d'être utiles,
« chacun de notre côté, aux soldats que nous sup-

(1) Il désignait ainsi Msr Gignoux.

(2) Après l'incendie des hameaux d'Héricourt, d'Armentières et
de la Frénoye, Msr l'évêque de Beauvais avait obtenu du général
la promesse d'être à l'avenir plus clément.

« posions pouvoir être blessés à l'occasion de votre
« entrée à Gournay. »

Cette répartie faite d'un ton calme, la tenue et
sans doute aussi l'habit du prêtre parurent couper
court à sa mauvaise humeur, car il nous laissa
brusquement, pour aller s'entretenir avec un officier qui se tenait presqu'en tête des troupes et qu'à
son uniforme bleu, je reconnus quelques heures
plus tard, pour être le major Schnehen. Etait-il
allé se concerter avec lui sur ce qu'il devait faire ?
— Probablement, car à peine pensions-nous en être
quittes à si bon compte et commencions-nous à respirer, qu'il vint reprendre près de nous son rôle
d'inquisiteur.

J'étais resté visiblement à ses yeux un sujet de
défiance, aussi eus-je à répondre seul, désormais,
à ses questions :

« Qui êtes-vous, me demanda-t-il d'un ton cour-
« roucé, et que veniez-vous faire ici ? »

Je m'apprêtais à répondre, quand tout à coup se
dressant de toute sa hauteur sur ses étriers, avec
un geste menaçant :

« On retire son chapeau, quand on a l'honneur
« de parler à un général prussien ! »

M. Potier, pas plus que moi, n'avait remarqué les
trois étoiles d'or, insignes du grade de général, que

l'officier portait sur l'épaule. Il n'y avait qu'à obéir à une semblable injonction. Nous retirâmes nos chapeaux et attendîmes l'orage qui allait fondre sur nous.

Répondant alors à sa question :

« Je suis docteur en médecine à Beauvais depuis « dix ans, marié et père de famille, et M. l'abbé vient « de vous dire ce que j'étais venu faire avec lui. »

Alors je lui montrai le linge et la charpie dont je m'étais muni en partant, puis j'entrouvris ma trousse et lui fis voir, à l'appui de mon allégation, les instruments qu'elle contenait.

Pour toute réponse, du revers de la main, il envoya ma trousse tomber à mes pieds. Pendant que je la ramassais assez vexé :

« Vos papiers, » me cria-t-il !

« Je n'en ai point, répondis-je, je n'ai pas cru « devoir en prendre pour un voyage aussi court « que celui de Beauvais à Gournay. »

« Vous devriez savoir qu'on ne voyage pas, en « temps de guerre, sans papiers ? »

Je me rappelai alors le brassard blanc, rehaussé d'une croix rouge de la convention de Genève, qu'en cas de besoin j'avais attaché, avant de partir, à mon bras gauche, et retirant la manche de mon pardessus, je dis :

« Voici un brassard qui peut témoigner pour moi
« de la vérité. »

« Le plus grand coquin du monde, reprit-il en
« s'animant, peut porter ce brassard. »

« Le plus honnête homme du monde, con-
« tinuais-je, sur le même ton, peut aussi le
« porter. »

J'avais certainement atteint les dernières limites
de sa patience, car aussitôt il me cria :

« Taisez-vous ! vous êtes mes prisonniers ; ajoutez
« un seul mot et je vous fais attacher à la queue de
« mon cheval! Je vous jure, sur la tête de mon
« père, que si l'on tire sur mes troupes d'ici
« à Beauvais, je vous fais fusiller tous les deux
« sur-le-champ. Et vous aussi, vous êtes mon pri-
« sonnier, acheva-t-il, en désignant Danse, notre
« cocher ! »

Puis il donna l'ordre de nous entourer.

Vingt uhlans, croisant alors la lance de chaque
côté de la voiture, nous cernèrent, et de si près,
que les têtes de leurs chevaux effleuraient nos vê-
tements. Nous cheminâmes ainsi lugubrement, depuis les Landrons, petit écart dépendant d'Espau-
bourg, jusqu'au point ou la route de Savignies
rencontre la route de Gournay, à l'extrémité du
village de Saint-Just. Une fois assuré de nos per-

sonnes, le général alla s'entretenir avec quelques officiers composant son état-major.

Notre retour dura deux mortelles heures, pendant lesquelles les pensées les plus navrantes ne cessèrent de nous occuper. A quoi tenait donc notre existence? Au coup de fusil que le premier venu pouvait tirer sur les Prussiens, et cette sinistre éventualité pouvait d'autant plus se produire, que nous devions traverser les territoires d'Héricourt et d'Armentières, hameaux que l'on avait froidement incendiés quelques jours auparavant.

La lune éclairait notre marche. La route, presque partout bordée de buissons, dans ce long parcours, est toujours à une distance assez grande des habitations; un franc-tireur ou quelque victime des incendies qui avaient exaspéré les habitants de cette région, ne pouvait-il pas saisir cette occasion de se venger à son tour? Toutes ces circonstances ne devaient-elles pas à favoriser la main vengeresse qui pouvait donner le signal de notre exécution?

De mon côté, je pensais avec terreur que, quand même aucun coup de feu ne serait tiré, je n'étais pas pour cela plus à l'abri de la colère du général. Voici pourquoi: Au commencement de la guerre, j'avais acheté un revolver et m'étais bien gardé, malgré l'ordre formel porté par nos ennemis, de le remettre entre leurs mains au moment de leur arrivée à Beauvais. Je l'avais déposé dans un tiroir secret de mon bureau ; à la suite de mon arrestation ne ferait-on pas chez moi une perquisition minutieuse ? Et si l'on trouvait cette arme suspecte, n'en résulterait-il pas une aggravation. de ma position déjà si compromise ? Je songeai alors que, probablement M. Potier, en raison de sa tenue vis-à-vis de l'officier et de son caractère, serait mis en liberté. Profitant donc d'un moment où la lune voilée par les nuages nous laissait dans l'ombre, je me penchai vers lui, je lui confiai mes appréhensions et lui donnai la clé du tiroir qui contenait le revolver. Il me promit de tout faire pour me tirer d'embarras. Un peu rassuré par cette promesse, je n'eus plus d'autres pensées que d'envoyer un dernier adieu à ce que j'avais de plus cher et de me recommander au Tout-Puissant, car ma seule et suprême consolation était désormais, si la détonation d'une arme à feu, dont ma vie dépendait, venait malheureusement à se faire entendre, de mourir absous par mon compagnon d'infortune.

Après deux heures d'angoisse, nous arrivâmes à la route de Savignies. Le général fit arrêter notre voiture ; puis, s'adressant à M. le Curé de Saint-Etienne :

« Vous avez votre liberté. »

Et se tournant vers moi :

« Vous, descendez. »

J'obéis, et le cocher, libre de ses mouvements, emmena rapidement la voiture vers Beauvais.

Je ne saurais dire l'impression que je ressentis lorsque je me trouvai séparé de l'abbé Potier. Jusque-là nous avions pu, bien discrètement, à la faveur de la nuit, échanger quelques pénibles réflexions ; c'était une sorte de soulagement, mais en ce moment je restais seul, entre les mains d'un ennemi sans pitié !

A peine descendu, je me vis entouré de uhlans qui, croisant la lance, en avant et en arrière de moi, me pressaient tellement que j'avais peine à marcher entre leurs chevaux. Je tenais sous le bras le petit paquet de linge dont j'ai parlé, ce qui me donnait certaine ressemblance avec ces malfaiteurs amenés entre deux gendarmes, tenant à la main quelques hardes enveloppées d'un mouchoir.

Je traversai ainsi tout Saint-Just-des-Marais, au milieu d'une haie de curieux, dont quelques-uns prononçaient mon nom assez haut pour que je l'entendisse.

Il était environ huit heures quand nous entrâmes en ville. La même haie se tenait sur notre passage. Il y avait, je me le rappelle, un certain nombre de personnes sur le perron de la Cathédrale, sortant du salut qu'on y disait alors, chaque soir, comme cela a lieu dans les temps de calamité. Les uhlans, mes gardiens, me conduisirent directement à l'Hôtel-de-Ville où ils me remirent entre les mains des soldats du poste. On me fit entrer au corps-de-garde et le major Schnehen, arrivé presque immédiatement, envoya chercher au Cercle, situé alors sur la place, M. le Maire de Beauvais.

M. Benoist arriva bientôt. Le major l'invita à monter à son cabinet, et, le précédant de quelques pas, me jeta brutalement l'ordre de les suivre, en commandant :

« Venez, drôle ! »

En montant l'escalier, il m'apostropha généreusement des épithètes de « coquin, misérable, po-« lisson. »

M. le Maire demanda alors à l'officier ce dont il s'agissait :

« Ce misérable, répondit celui-ci, a osé insulter
« M. le général vainqueur, commandant à huit
« mille hommes, à la tête de son état-major. »

« Pardon..... » interrompis-je.

Et je me préparais à dire, en quelques mots, les faits, quand je fus interrompu par un formidable :

« Taisez-vous, coquin ! » accompagné d'un coup de talon de botte, qui ébranla les vitres.

Je n'avais qu'à me taire, ce que je fis. Le major me demanda mon brassard, qu'il jeta à terre, de la façon dont il aurait traité les insignes d'un soldat dégradé, puis s'adressant à M. Benoist :

« Qui est-il, ce misérable ? »

« C'est, répondit M. le Maire, un médecin de la
« ville, honorablement connu, père de famille et
« dont vous n'avez rien à craindre. »

Le commandant Schnehen le laissa dire, puis tout à coup, causant d'autre chose, il me congédia, me laissant bien étonné de voir finir aussi pacifiquement une aventure si tragiquement commencée.

J'eus bientôt le mot de l'énigme.

Quelques instants après que je fus rentré chez moi, M. l'abbé Legoix, secrétaire général de l'Evêché, vint m'apprendre ce qui s'était passé depuis mon arrivée à Saint-Just.

A peine rendu à la liberté, M. le Curé de Saint-Etienne, avec un zèle que je n'oublierai jamais, courut à l'Evêché et apprit à Mgr Gignoux la situation perplexe où je me trouvais.

Monseigneur, à la mémoire vénérée duquel je suis heureux d'offrir ici l'hommage public de ma profonde gratitude, daigna se rendre immédiatement, accompagné de Mgr Obré, son grand-vicaire, auprès du général Senfft, logé alors à l'hôtel du Cygne.

Sur ses vives instances, il fut introduit chez le chef saxon, qu'il trouva en train de se débotter.

Une première et une seconde fois, Sa Grandeur, implorant ma grâce, se vit refusé.

« Il m'a insulté à la tête de mon état-major, re-« prenait sans cesse le général ; mes officiers me « pressaient même de le faire fusiller sur le chemin « et je veux faire un exemple. »

Mais le bon Evêque protesta qu'il ne sortirait point sans avoir obtenu clémence.

« Je le connais depuis son enfance, supplia-t-il, « il est médecin de mon Petit Séminaire, c'est un « de mes enfants, et je réponds de lui. »

L'éminent Protonotaire voulut bien aussi joindre ses supplications à celles de notre regretté Prélat. Enfin, le commandant ennemi se laissa fléchir. Il envoya le major Schnehen, comme je l'ai raconté, avec ordre de me laisser libre.

C'est ainsi que, grâce à la démarche amicale de M. l'abbé Potier, et aux pressantes prières de Mgr Gignoux et de Mgr Obré, j'obtins ma liberté et la faveur de ne point servir d'exemple entre les mains redoutables des Prussiens. »

COMBAT DE BRETEUIL.

Deux jours après, le 12, les mêmes troupes se dirigèrent sur Breteuil où elles devaient rejoindre le détachement de Clermont. La Ville était occupée par un bataillon de mobiles de la Somme, celui de Doullens. Un combat s'engagea, mais bientôt les mobiles, voyant qu'ils avaient devant eux de nombreuses troupes ennemies, soutenues par dix pièces de canon, se replièrent sur Amiens. Les Prussiens entrèrent alors dans Breteuil, désarmèrent la garde nationale et quelques maisons fermées furent livrées au pillage. Les pertes de l'ennemi ont été de un sous-officier de uhlans, de plusieurs dragons mis hors de combat et une dizaine de chevaux tués ou blessés. De leur côté, les mobiles de la Somme eurent onze blessés et cinquante-quatre prisonniers dont trois officiers, qui furent ramenés à Beauvais.

COMBAT DE FORMERIE.

Depuis ce temps, les troupes allemandes se contentaient de quelques promenades militaires dans les environs, lorsque, le 25 octobre, elles se diri-

gèrent sur Marseille-le-Petit. Trois jours s'écoulè-
rent sans qu'on eut de leurs nouvelles ; les Beauvaisins se croyaient débarrassés de leurs hôtes
quand, le 28, le bruit du canon vint retentir jusque
dans la ville. Un engagement venait d'avoir lieu,
et voici ce qui s'était passé :

Après avoir couché à Marseille, le général Senfft
s'était dirigé sur Formerie avec de l'infanterie, de
la cavalerie et une batterie d'artillerie, total environ
mille cinq cents hommes et six canons. Son but,
en occupant ce bourg, était de couper la ligne du
chemin de fer de Rouen à Amiens, opération d'ailleurs facile à exécuter. En effet, la station n'était
gardée, depuis la veille, que par un poste du
3e hussards et par une compagnie du 5e bataillon
de marche, forte de 130 hommes du 19e de ligne ;
mais cette compagnie était commandée par un vé-
ritable soldat.

A sa tête se trouvait le capitaine Dornat qui,
aidé de M. Maumené, chef de station, et secondé
par M. Yvart, maire de Formerie, installa ses
hommes tant à la gare qu'il était spécialement
chargé de défendre que dans les alentours, de façon
à pouvoir les réunir en quelques instants et être
ainsi à même de se conformer à des instructions
précises. Cet officier, qui ne connaissait pas le

bourg, se mit en devoir de l'étudier ; après en avoir constaté l'intérieur, il en visita le pourtour afin de se familiariser avec les routes et les chemins qui y aboutissent, et de pouvoir diriger ses pas à travers les dédales des rues et des ruelles dont la plupart convergent au centre.

Ces sages précautions étaient indispensables, quand on songe qu'il n'avait sous la main que des forces très-restreintes et qu'il devait lutter pendant plusieurs heures avant d'obtenir du renfort. En effet, le colonel d'Espeuilles, sous les ordres duquel étaient placées les troupes françaises chargées de défendre la voie ferrée, avait cantonné les soldats du 5e bataillon de marche (détachement du 19e et 62e de ligne) à Formerie, Romescamps, Abancourt et Fouilloy.

Le 1er bataillon des mobiles de l'Oise (commandant Cadet) se trouvait à Gaillefontaine, Forges-les-Eaux et Longmesnil,

A droite, le 8e bataillon des mobiles du Pas-de-Calais occupait Gournay.

En arrière, à Argueil et à Forges, le 3e régiment de hussards (colonel d'Espeuilles) ; à la Feuillie le 1er bataillon de la mobile du Pas-de-Calais ; à Argueil le 1er bataillon des Hautes-Pyrénées et le 4e de l'Oise (commandant Héricart de Thury).

Dans la matinée du 28 octobre, vers dix heures, les vedettes du 3e hussards se repliaient sur la gare de Formerie en annonçant l'arrivée de l'ennemi. A cette nouvelle, le capitaine Dornat passe en revue sa petite troupe de braves, visite les armes, assigne à chacun sa place, donne des ordres et attend l'ennemi de pied ferme.

Quelques instants après, un peloton de uhlans, formant l'avant-garde, traversait rapidement le bourg et se portait au trot sur la station. Au cri : « A moi, mes amis, » poussé par le chef, les soldats du 19e de ligne sont électrisés et accueillent l'ennemi par une vive fusillade. Deux cavaliers saxons furent démontés ; les autres n'eurent que le temps de tourner bride et ils furent poursuivis par nos soldats jusque sur la place du Marché aux bestiaux.

Mais là, le brave Dornat fut reçu par une décharge meurtrière de l'infanterie prussienne, qui était postée dans les maisons ; néanmoins, malgré la situation difficile du moment, il sut tirer parti de ses faibles ressources, et, grâce à la plus énergique résistance et à des dispositions savamment combinées, sa compagnie tint en échec, pendant près de deux heures, les forces du général Senfft, ce qui permit aux renforts d'arriver à temps.

Pour obtenir un tel résultat, qui était le prélude de la victoire à laquelle il allait attacher son nom, le capitaine Dornat eut l'heureuse idée de distribuer une quantité relativement considérable de cartouches à ses soldats, qu'il plaça sur une ligne très-étendue, avec ordre d'entretenir un feu bien nourri pour tomper l'ennemi sur les forces qui défendaient Formerie. Cet habile stratagème réussit à merveille ; le général saxon, voyant que ses troupes ne gagnaient pas de terrain et que les Français tiraient de tous côtés à la fois, en faisant des vides dans ses rangs, crut que le bourg était occupé par au moins deux mille hommes, aussi jugea-t-il prudent, vers midi, de donner le signal de la retraite.

Nous allons, d'ailleurs, essayer de raconter ce combat où, de jeunes soldats, excités par l'audace de chefs intrépides, contribuèrent puissamment au succès de la journée.

Le 1er bataillon de la garde mobile de l'Oise était cantonné depuis plusieurs jours entre Forges et Gaillefontaine, comme nous l'avons dit plus haut; dans la matinée du 28 octobre, le colonel d'Espeuilles, prévenu de la marche des Prussiens, donna l'ordre aux divers détachements de ce bataillon de se porter isolément sur Formerie. Le premier renfort arrivé sur le lieu du combat vers midi, venait de Gaillefontaine. Le capitaine Alavoine (1), qui le commandait, laissa une compagnie a la gare et se porta aussitôt avec la sienne, la 2ᵉ, formée des jeunes gens de Beauvais, vers le point le plus menacé. Il y trouva le capitaine Dornat qui, à la tête d'une poignée d'hommes, luttait avec la dernière énergie, quoique atteint au bras par une balle prussienne. En se démasquant pour traverser la rue à la tête de sa compagnie, le capitaine Alavoine fut blessé et mis hors de combat, mais un certain nombre de ses mobiles, sous les ordres du lieutenant Meneust, purent gagner les maisons de la place, s'établir dans les chambres et prendre part à l'action; on continua ainsi à se fusiller par les fenêtres des deux côtés de la place, et les nôtres, bien qu'inférieurs en nombre, soutinrent avec avantage le feu de l'ennemi.

Pendant le combat, d'autres soldats allemands entouraient Formerie, pénétraient dans les maisons qui avoisinent le chemin du Tour-de-Ville (route de Canny, rue de la Flaque, rue du Pré-Duflos, rue Bonnaire et route de Grumesnil) et y mettaient le feu. Malgré le danger auquel ils s'exposaient,

(1) Directeur de l'usine à gaz de Beauvais.

les sapeurs-pompiers, sous les ordres de M. Campion, leur capitaine, partirent aussitôt pour arrêter le terrible fléau qui, comme en 1703, menaçait de détruire entièrement le pays.

Cependant, le général Senfft avait fait mettre son artillerie en batterie, sur une petite éminence, à la lisière d'un bouquet de bois, sur la commune de Boutavent. Depuis le début de l'engagement, il lançait ses projectiles un peu partout, mais principalement sur le pâté de maisons occupé par nos soldats et sur la maison de M. Fourgous, qui fait face à la route de Crillon, par laquelle il était arrivé. Les obus dirigés sur Formerie n'y causèrent que des dégâts matériels, les autres tombant sur des terres détrempées n'éclataient pas, et les nôtres n'eurent nullement à en souffrir. Le principal effet de cette canonnade fut de hâter l'arrivée de nos renforts qui, vers une heure, commençaient à affluer de toutes parts. Ce fut d'abord une autre compagnie du 5e bataillon de marche, qui occupait les villages d'Abancourt et de Belleville-Blargies. Arrivés près de Formerie, au Calvaire placé à la jonction des routes d'Aumale et de Grandvilliers (lieu dit Bel-Air), les soldats de cette compagnie se placèrent derrière les haies, les barrières des herbages, et échangèrent des coups de fusil avec des

Prussiens qui se trouvaient à la briqueterie Ménage, sur le territoire de Bouvresse. Peu de temps après, cette compagnie faisait son entrée sur la place de Formerie, débarrassée alors de tout soldat allemand, pendant que les autres compagnies des mobiles de l'Oise arrivaient à la gare, impatientes de prendre part à l'action.

Sur ces entrefaites, les mobiles du Nord, venant en toute hâte de Grandvilliers, entraient dans la petite commune de Monceaux-l'Abbaye. Là, le commandant de Lalène-Laprade, se rendant compte de la situation, détacha environ cinq cents hommes, avec une section d'artillerie, vers Mureaumont, dans le but d'entraver la retraite de l'ennemi, puis il continua sa marche sur Formerie, avec le gros de sa colonne. En débouchant de Bouvresse, ils essuyèrent une fusillade serrée partie de la briqueterie Ménage, mais ils ripostèrent vivement. Les Prussiens, se voyant menacés sur le flanc droit par les mobiles et par les soldats du 5e bataillon de marche placés au Bel-Air, regagnèrent la route de Beauvais, par laquelle s'enfuyaient les troupes repoussées par le capitaine Dornat et le lieutenant Meneust. L'ennemi, craignant d'être tourné par la colonne secondaire de la mobile du Nord, qui avait été dirigée sur Mureaumont, regagna Beauvais en s'enfuyant précipitamment par Campeaux et Songeons. Bon nombre de fantassins de la garde, forcés de changer de direction et de prendre la traverse, passèrent dans des terrains détrempés par la pluie et y laissèrent leurs bottes, que les habitants ébahis trouvèrent le lendemain dans leurs champs.

Ce combat, dans lequel les soldats du bataillon de marche et les mobiles de l'Oise et du Nord montrèrent beaucoup de solidité et d'entrain, nous coûta six hommes tués ou atteints mortellement. Parmi ceux-ci, un jeune homme d'avenir, le caporal Binière (Jules), d'Allonne, garde mobile de l'Oise. Nous eûmes, en outre, une vingtaine de blessés, parmi lesquels nous citerons : les capitaines Dornat et Alavoine ; trois sous-officiers de la compagnie de Beauvais, George, de Marthes et Jourdan. Une des religieuses qui dirigent l'école communale de Formerie a reçu, dans les plis de sa robe, un éclat d'obus qui avait ricoché d'une porte près de laquelle elle se trouvait. L'ennemi, de son côté, eut vingt-trois hommes tués, dont un sous-officier de l'infanterie de la garde et trente-quatre blessés, qui entrèrent le lendemain à l'hospice de Beauvais.

Les Allemands emportèrent leurs blessés et une

partie de leurs morts. Une ambulance, établie à
Formerie sous la direction du docteur Lauga, re-
cueillit la plupart de nos blessés. Dans la soirée, le
chirurgien en chef de la sixième ambulance inter-
nationale, arriva d'Amiens avec tout son personnel
et son matériel, et le lendemain on transporta ces
malheureux soldats au bois de Formerie, chez
M. Delaunay, qui s'empressa de mettre sa maison
à leur disposition.

Ainsi, grâce à la savante combinaison et à la résistance énergique du capitaine Dornat qui, avec sa
seule compagnie, tint longtemps l'ennemi en res-
pect, luttant dans la proportion d'un contre dix, et
grâce au concours d'une fraction du 1er bataillon
des mobiles de l'Oise, les Prussiens avaient subi un
échec complet.

Le soir, le bourg de Formerie présentait le plus
triste aspect ; les boutiques, les cafés étaient fermés.
Indépendamment des maisons brûlées, beaucoup
étaient criblées de balles et d'obus, les vitres étaient
cassées et les portes défoncées.

Arrivé en déroute à Beauvais, dans la nuit du 28
au 29, le général Senfft annonçait à Clermont,
qu'ayant rencontré l'ennemi à Formerie, il avait
été obligé de se replier avec pertes. Dans la journée
du 29, il fit afficher à Beauvais et communiquer

aux journaux l'avis suivant, qu'il terminait par une phrase qui était pour lui une consolation à son échec de Formerie, et pour nous, l'annonce d'un nouveau désastre, dont les conséquences ont été irréparables :

La reconnaissance d'hier à Formerie a montré que le bourg était occupé par deux bataillons. Après une courte canonnade, le détachement revint sur Songeons et Beauvais et empêcha l'ennemi d'atteindre son but qui était de lui couper la retraite dans la direction de Marseille. Nos pertes ont été de quatre morts et douze blessés.

Le 27 de ce mois, à cinq heures, Metz a capitulé.

Dix jours après cette défaite, deux mille chasseurs saxons arrivèrent à Beauvais, et l'autorité prussienne fit aux journaux de notre ville la communication suivante :

80,000 hommes de l'armée allemande qui se trouvait devant Metz se dirigent, à marche forcée, sur Amiens et sur Rouen, sous le commandement du général de Manteuffel. Ils arriveront sous peu de jours à destination.

On s'attendait à un choc terrible, quand tout à coup la garde royale partit pour Ecouen, laissant les chasseurs en garnison à Beauvais. Ceux-ci ne tardèrent pas à se faire connaître ; dès le lendemain de leur arrivée, ils trouvèrent des fusils cachés dans le clocher de l'Eglise de Tillé ; puis quinze blessés français, en convalescence à l'ambulance du Sacré-Cœur, furent faits prisonniers et envoyés en Allemagne. Leur séjour ne fut pourtant pas de longue durée, mais assez cependant pour laisser dans nos cœurs un triste souvenir de leur passage. A Milly, entre autres, des francs-tireurs ayant blessé un des leurs, ils s'y rendirent sans retard, fusillèrent le garde-champêtre qu'ils rencontrèrent dans les champs, et ramenèrent le maire de cette commune, qu'ils mirent en liberté, après avoir exigé une forte rançon. A Hermes-Berthecourt, les fils télégraphiques ayant été rompus, 25,000 francs furent demandés pour la délivrance de trois otages pris dans le pays.

Le 19 novembre au matin, accompagnés du général Senfft, les Saxons partirent pour Gisors, avec un détachement du 18ᵉ régiment de lanciers, du 3ᵉ régiment de dragons et deux batteries d'artillerie, qui venaient de Clermont, sous les ordres du général-major comte de Brandebourg II. Ils furent remplacés par des détachements du 2ᵉ régiment de dragons et du 2ᵉ régiment de l'infanterie de la garde prussienne. Ce dernier revenait d'Ecouen, où il avait été envoyé en quittant Beauvais, aux avant-postes de l'armée assiégeant Paris.

Quinze jours s'étaient à peine écoulés que, tout

à coup, les habitants, soulevant pour ainsi dire le joug de la domination ennemie, paraissent tout joyeux. Les journaux de Rouen venaient d'apporter la dépêche suivante :

Grande victoire sous Paris. Sortie du général Ducrot qui occupe la Marne.

Le lendemain matin, 3 décembre, les Prussiens se repliaient immédiatement sur Paris, à la grande joie de nos concitoyens, laissant environ pour 250,000 francs de marchandises à la gare, sous la garantie de la ville. Le dernier train emmenait l'intendance, lorsqu'un habitant, nommé Dubos, saisissant plusieurs pierres, les lança sur les wagons; les vitres volèrent en éclats, néanmoins le départ eut lieu sans que personne ne fût blessé. Dans la rue de la Madeleine, un tonneau de tabac, conduit par un soldat, fut défoncé et pillé. La garde nationale fut aussitôt convoquée, les postes lui furent distribués et Beauvais commença de nouveau à respirer l'air de la liberté. Malheureusement, ce ne fut pas pour longtemps. Le général Ducrot, n'ayant pu garder les positions conquises, avait été forcé de rentrer dans la capitale de la France, et les troupes allemandes, qu'on avait appelées en toute hâte sur Paris, étaient renvoyées dans leurs cantonnements. Le lendemain, dimanche, vers trois heures de l'après-midi, le son du tambour retentissait dans les murs de notre cité, y ramenait le deuil, et la garde saxonne venait demander réparation des outrages commis la veille. Le commandant du détachement, le major de Puncke, si tristement connu par sa conduite à Ravenel (Oise) et à Etrépagny, n'était pas disposé à user d'indulgence envers la ville de Beauvais. Aussi, dès son arrivée, les cloches de nos églises durent désormais garder le silence ; l'arrestation de Dubos fut ordonnée ; on demanda une indemnité de 250,000 francs, et la municipalité reçut l'affiche suivante :

Monsieur Benoist, maire de la Ville de Beauvais.

Je veux que l'avis suivant soit affiché dans votre ville.

« Avis.

« Les journaux de Beauvais, en reproduisant les victoires de l'armée de Paris, ont été mal informés.

« L'armée de Paris a fait, il est vrai, des sorties dans les journées du 30 novembre et du 2 décembre, mais elles ont été victorieusement repoussées.

« L'armée de la Loire a été également battue le 2 décembre, près d'Arthenay.

« Il est de même, tout à fait inexact, que l'armée se replie en toute hâte sous Paris, elle continue au contraire sa marche vers le Nord.

« *Le commandant en chef* à *Beauvais,*
« Von Puncke. »

Le mois de décembre est à signaler par le passage de nombreuses troupes. Le 2 décembre, le quartier du général de Manteuffel est à Grandvilliers ; le 3, il est transporté à Songeons, et celui du général de Bentheim à la Chapelle-Songeons. En revenant de Dieppe pour aller sur Amiens, le général de Gœben séjourna, le 17, à Héricourt-Saint-Samson, et le 18 à Crevecœur. Par suite de la reprise des opérations dans le Nord, le général de Manteuffel était, le 17, à Marseille-le-Petit, et le 18, à la tête de six mille hommes environ (infanterie, cavalerie, artillerie), il couchait dans notre ville pour se diriger le lendemain sur Amiens. Le 21, le Prince Albert et celui de Hesse vinrent séjourner à la Préfecture.

Dans l'après-midi du 26, arrivèrent, pour être conduits en Allemagne, six cents soldats français faits prisonniers aux environs d'Amiens. La population beauvaisine, émue de compassion, courut aussitôt offrir ses dons à nos infortunés défenseurs ; elle envahissait les boulevards du Jeu-de-Paume, et perçait les faibles lignes ennemies pour approcher des prisonniers, quand l'officier du détachement, se voyant cerné par cette masse compacte d'hommes, de femmes et d'enfants, ordonna à ses soldats de faire élargir les rangs, en interdisant toute donation, de quelque nature qu'elle fût. Des cris d'indignation s'élevèrent, et les menaces suivirent. L'officier prussien, ne pouvant maîtriser cette foule toujours grossissante, commanda une charge à la baïonnette ; mais, dans ce mouvement précipité, un coup de feu partit et alla blesser mortellement un jeune homme d'une des plus honorables familles de notre ville. Devant cette force brutale, le peuple exaspéré dut se retirer, et en se dispersant, quatre ou cinq habitants furent blessés.

ADMINISTRATION PRÉFECTORALE DU BARON DE SCHWARTZKOPPEN.

Le 29, le général de Manteuffel, ce nouvel ami des populations, nous envoya le baron de Schwartzkoppen, en qualité de préfet, en remplacement de M. Georges Jannerod qui, disait-il, avait quitté son poste, et dans leur intérêt, il invitait les bons citoyens fonctionnaires, ainsi que les populations du département de l'Oise à respecter et à suivre strictement les ordres qui allaient émaner de la Préfecture.

L'année 1870 se terminait donc en nous prussifiant complètement. Elle laissait à l'histoire de

longues et pénibles pages à remplir, et léguait à sa
sœur 1871, la rude et terrible tâche de terminer
cette horrible guerre, fatalement entreprise.
Chaque jour, le canon tonnait, et quand sa voix se
faisait entendre, nous étions assaillis par mille pensées qu'inspirait un sentiment d'humanité ; car,
chaque détonation faisait une mère sans enfants,
des enfants sans pères, des sœurs sans frères et des
femmes sans époux. Combien les malheurs de la
guerre doivent peser sur les Puissants de la terre
et les Gouvernants ! Les hommes, d'ailleurs, ne sont
pas créés pour ces luttes fratricides et sanguinaires.
Si vous demandiez à la France ce qu'elle pensait de
la guerre ? elle vous répondait « Vengeance ! »
Chez elle, le sentiment patriotique dominait tous
les autres ; elle ne pouvait, elle ne devait avoir de
trève, de repos, qu'après la signature d'une paix
honorable et l'évacuation de son sol souillé.

A peine le baron de Schwartzkoppen avait-il pris
possession de son gouvernement, que nos murs
furent couverts de ses affiches : c'étaient des avis
relatifs au service de la poste, aux chemins de
fer, routes et télégraphes ; des arrêtés condamnant
à 100 francs d'amende par jour, les jeunes gens
faisant partie de la garde nationale mobile ou de la
levée en masse, qui rejoindraient les armées fran-

çaises, etc. Désireux de se procurer de l'argent, on nous chercha des querelles d'Allemands, c'est ainsi que 37,200 francs furent demandés pour avoir laissé introduire en ville des journaux prohibés et déchirer lesdites affiches. Le conseil municipal était décidé à ne rien payer, quand quelques jours après, le Préfet fit arrêter le maire et les quatre adjoints, menaçant de les envoyer en Allemagne, si la somme n'était pas versée. Contraints par la force il fallut s'exécuter.

Sur ces entrefaites, le 20 janvier, Paris, vaincu par la famine, dut traiter avec M. de Bismarck et signer un armistice de vingt et un jours, pour élire une Assemblée constituante. Nous croyions, pendant ce temps, n'être plus obsédés par nos vainqueurs. Erreur complète ! De nouvelles feuilles furent placardées : l'audace était portée à son comble. Le paiement des deux douzièmes des contributions, avec un impôt de cent cinquante pour cent, et d'un million en plus d'indemnité, pour les Allemands chassés du territoire français avant les hostilités, était ordonné dans toutes les communes de notre département, sous les peines les plus sévères.

Le versement était à peine opéré qu'une nouvelle contribution de guerre de douze millions fut imposée au département. Le Conseil général se réunit immédiatement à Beauvais et envoya à Versailles une députation de trois membres, composée de MM. de Gobineau, de Mouchy et de Clermont-Tonnerre. Ces Messieurs, après de justes observations, obtinrent de M. de Bismarck la remise de dix millions. Le baron de Schwartzkoppen, dont nous conserverons longtemps le désagréable souvenir, chercha de nouvelles querelles à MM. de Plancy, de Condé et de Corberon, envoyés vers lui pour régler le mode de paiement. Le baron, qui prisait notre argent aussi bien que nos produits vinicoles, s'obstina à considérer les deux millions comme un simple à-compte sur les douze millions constituant la totalité de l'impôt de guerre, et persista à exiger le surplus, consentant toutefois à accorder quelques courts délais pour acquitter les dix restant. Les conseillers n'ayant point accepté cette interprétation furent consignés à l'Hôtel-de-Ville de Beauvais. Le 22 février, un télégramme de Versailles ordonnait de maintenir l'arrestation et de sévir davantage, au cas où les douze millions ne seraient pas encaissés par l'autorité prussienne, le samedi suivant. Des pourparlers nouveaux avec le baron de Schwartzkoppen permirent à la députation de retourner au quartier général à Versailles, où les choses furent rétablies dans leur premier état.

Pour effectuer notre libération par le versement de ce chiffre énorme de deux millions, les membres du Conseil général, qui, en cette occasion, firent preuve d'un grand dévouement patriotique, durent s'engager personnellement en souscrivant des billets à l'ordre de M. Gromard, banquier, qui les négocia avec un louable désintéressement, aux riches maisons Rothschild, Sellière, Pilet-Will et Marcuand. Le soir, un malentendu survint entre les commissaires et le Préfet, qui soupçonnait la députation de n'avoir point, selon ses promesses, effectué son départ pour Versailles. Schwartzkoppen, à qui nos vins généreux n'avaient point communiqué leur qualité, informa les détenus que l'ordre de leur transfert en Allemagne allait être donné, et que les communes seraient, dès le lendemain, occupées, jusqu'à parfait recouvrement des douze millions. Sa sévérité se laissa cependant fléchir par la parole des délégués, assurant que MM. de Gobineau, de Mouchy et de Clermont-Tonnerre étaient en route pour Versailles. On obtint un sursis qui devait expirer le samedi 25, aux conditions ci-après : Les ôtages de l'Hôtel-de-Ville devaient, comme Régulus ou Jean Ier, dit le Bon, se reconstituer prisonniers, si les deux millions n'étaient pas versés à l'expiration du délai. Cette obligation devait être garantie par le dépôt d'une somme de 350,000 francs qui fut, sur l'insistance de M. Gromard, réduite à 100,000 fr., et comptée immédiatement par lui. Pendant ce temps, MM. de Plancy et Zentz s'étaient rendus à Paris pour trouver ces deux millions payables en 78,400 livres sterling et 40,000 francs en or (1).

L'Assemblée nationale, élue pendant l'armistice, se réunit aussitôt à Bordeaux. Notre département se fit représenter par MM. de l'Aigle, duc d'Aumale, Desjardins, de Kergorlay, Labitte, Emile Leroux, de Mornay et Perrot. Après la constitution du bureau, M. Thiers fut, à l'unanimité, nommé chef du pouvoir exécutif de la République française. Dès lors, MM. Thiers et Jules Favre, ministre des affaires étrangères, furent chargés d'aller à Versailles, négocier avec le vainqueur; les conditions furent dures et la nécessité nous força de les accepter. D'après ce traité, le département de l'Oise devait être évacué après le paiement du premier demi-milliard, mais le traité de Francfort devait retarder de six mois notre évacuation, en exigeant le versement du troisième demi-milliard.

De Versailles, le quartier général prussien fut transporté à Compiègne, où une commission admi-

(1) Voyez *Indépendant de l'Oise*, 1872.

nistrative franco-allemande fut établie pour décider les questions relatives à l'occupation.

Pendant plus de huit mois, les habitants de Beauvais furent encore encombrés de soldats ennemis, qui restèrent jusqu'en septembre. Ce fut le 19 de ce mois que notre ville fut enfin débarrassée de son audacieux vainqueur. A six heures du soir, la garnison allemande n'était pas encore arrivée à la gare du chemin de fer, que les habitants pavoisaient déjà les fenêtres de drapeaux aux couleurs nationales, pour recevoir les troupes françaises qui devaient arriver. A sept heures, la population se portait au-devant d'un détachement du 26e de ligne venant de Rouen, il fit son entrée au milieu des acclamations de la ville entière. Ainsi se terminait notre occupation étrangère qui avait duré, hélas! près d'une année.

FIN

Beauvais. — Imprimerie E. LAFFINEUR, place Saint-Michel, 13.

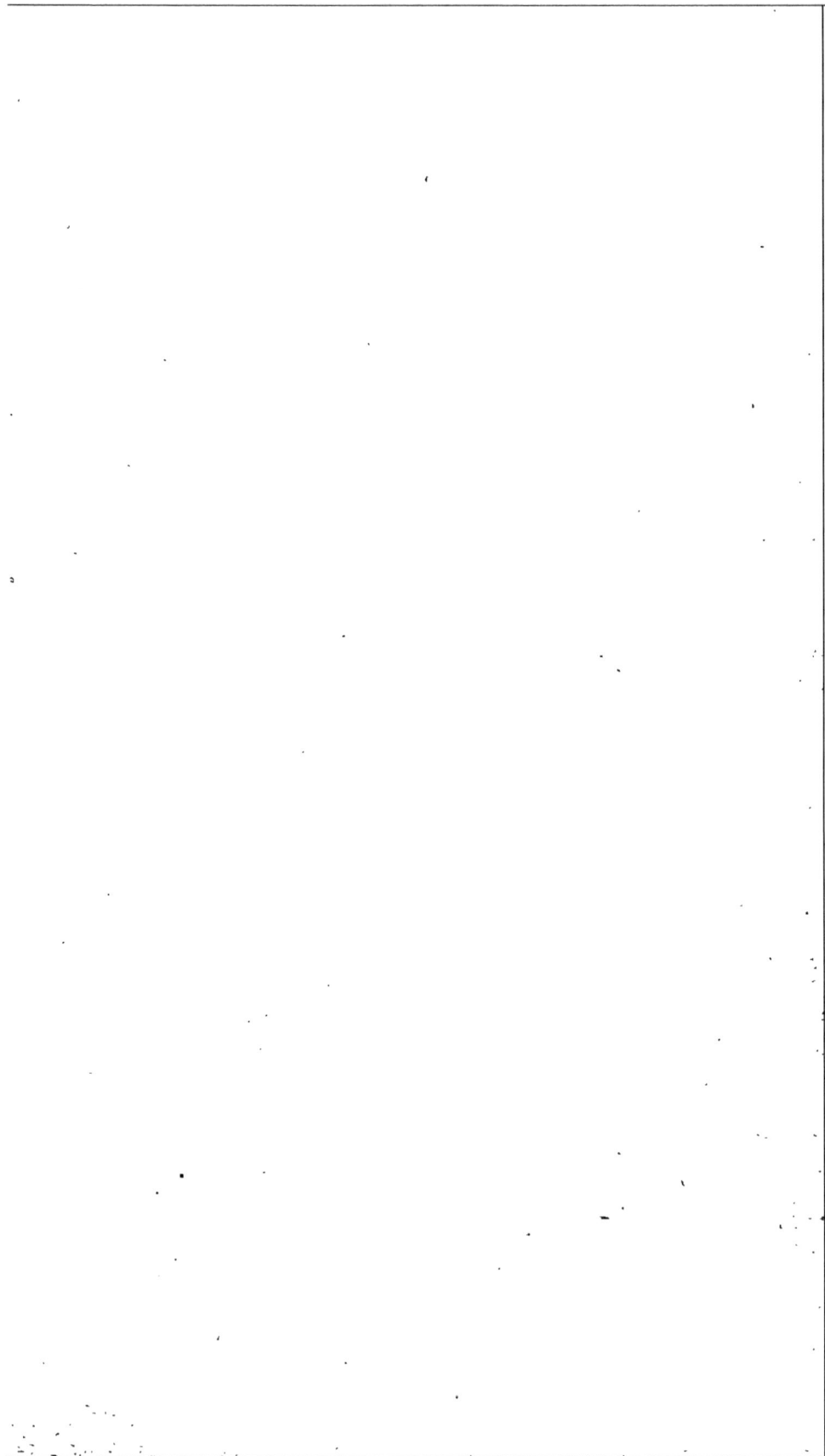

www.ingramcontent.com/pod-product-compliance
Lightning Source LLC
LaVergne TN
LVHW022148080426
835511LV00008B/1328